LA
HARANGVE

FAICTE PAR LE ROY

Henry troisiefme de France & de Po-
longne, à l'ouuerture de l'affemblée
des trois Eftats generaux de fon Royaume, en fa Ville de Bloys, le feizief-
me iour d'Octobre, 1588.

A TROYES.

¶ De l'Imprimerie de Iean Moreau,
Imprimeur du Roy.

M.D.LXXXVIII.

ESSIEVRS ie cõ-
menceray par vne
supplication a nostre
bon Dieu , duquel
partent toutes les bõ-
nes & sainctes opera-
tions, qui luy plaise
m'assister de son sainct Esprit, me con-
duisant comme par la main en c'est acte
si celebre , pour m'acquiter de ce que
i'entreprens aussi dignement, que l'œuure est saincte, desirée, attendue, & necessaire pour le bien vniuersel de mes
subiects.

C'eſt la reſtauration de mon Eſtat par
la reformation generalle de toutes les
parties d'iceluy, que i'ay autant recher-
chée, & plus que la conſeruation de ma
propre vie.   Ioignez vous donc a ceſte
treſ-inſtante requeſte que ie luy en fais,
luy demandant qu'il renforce de plus
en plus la conſtante volōté qu'il a deſia
enracinée pour ce regard en mon cœur
Et qu'auſsi tellement il vous arrache
toutes paſsions particulieres, ſi quelques
vns en auoient, que reiettant tout autre
party que celuy de voſtre Roy ,
n'ayez mire qu'a embraſſer l'honneur
de Dieu, la dignite & auctorité de voſtre
Prince ſouuerain , & a reſtaurer voſtre
patrie, de maniere qu'il s'en enſuiue vne
ſi loüable & fructueuſe reſolution , ac-
compagnée de ſi bons effects, que mon
Eſtat en recouure ſon ancienne ſplen-
deur. Ce ſera vn ouurage digne du rang
ou ie ſuis colloqué, & qui teſmoignera
voſtre capacite & loyauté.

A ij

Celuy que i'ay à present inuoqué pour
secourir & moy & mon Estat , lequel
est scrutateur de nos cœurs peult rendre
s'il luy plaist tesmoignage, qu'aussi tost
qu'il me constitua pour vous comman-
der, il me vint vn regret incroyable de
voz miseres publiques & particulieres,
& vn soing qui ma tousiours augmenté
d'y apporter les salutaires remedes, auec
vne fin aussi heureuse qu'elle y est plus
que necessaire.

Qu'elle douleur pouuez vous penser
qui m'a iusques icy rongé depuis ces der-
nieres années, ou l'aage & l'experience
m'ont rendu capable d'aprehender la
desolation, foule, & oppression de mon
pauuure peuple, auec ce qu'il sembloit
que mon regne estoit reserue a allumer
le iuste courroux de sa diuine Majesté,
que ie recognois estre iustement sur nos
testes, & pour mes offences, & pour celles de mes subiects en general.

Ie m'efforçois pour ceste cause le plus

que ie pouuois d'eſtoufer la corruption
& le deſ-ordre qui y auoient prins vne
ſi violente habitude , & de reſiſter aux
maux que ie n'auois pas tous faicts, & à
quoy de mon ſeul mouuement s'il y a-
uoit du relaſche ie l'y appoſois. Car ie
diray ſans me vanter qu'il n'y a eu quaſi
voye pour reformer la deprauation de
mon Eſtat, dont ie ne me ſois ſouuenu
pour eſſayer de l'eſtablir, ſi i'euſſe auſsi
bien ſecondé cõme ie l'eſtois treſ-bien
de vous Madame, & que la neceſsité &
ma bonne volonté le meritoient.

Mais ie ne puis trop declarer combien
ie l'ay touſiours eſté de la Royne ma
bonne mere: ce qui ne ſe peult aſſez dignement repreſenter: & diray qu'entre
tant d'autres & ſi eſtroictes obligations
dont elle tient tous mes ſubiects atta-
chez, ilz luy en ont vne ſinguliere, &
moy particulierement qui auec vous en
ceſte ſi notable aſſemblée luy en rends
graces treſ-humbles.

C'eſt qu'elle n'eſt pas cauſe ſeulement
par la grace de Dieu, que ie ſuis au mõ-
de pour voſtre Roy: mais par ſes conti-
nuels & ſainčts records, louables actiõs,
& vertueux exemples , m'a tellement
graué en l'ame vne droičte intention a
l'auancement de l'hõneur de Dieu, pro-
pagation de ſa ſainčte Egliſe Catholi-
Apoſtolique & Romaine, & reformation de mon Eſtat, que ce que i'ay teſ-
moigné par cy deuant de tendre a toutes choſes bonnes, a quoy plus que iamais ie ſuis reſolu, vient d'elle , n'ayant
pas plaint ſes labeurs, indiſpoſitions &
incommoditez, meſmes de ſon aage où
elle a recogneu de pouuoir ſeruir à c'eſt
Eſtat, l'ayant tant de fois cõſerué qu'elle
ne doit pas ſeulement auoir le nom de
Mere de voſtre Roy: mais auſſi de mere
de l'eſtat & du Royaume.

Or eſtant mon principal ſoing & plai-
ſir que de pouuoir reſtaurer ceſte belle
Monarchie, & ne iugeant pas les reme-

des particuliers estre pour ce temps si cõ
uenables, ie me resolusà la conuocation
de mes Estats generaux , ausquels cõme
en toutes choses pour le bien du Royau
me, il luy pleust grandement m'y forti-
fier.   Incontinent que ie recogneus de
les pouuoir assembler ie n'y perdis vne
seule heure de tẽps quelques diuersitez
de mouuemens qui eusse semblé si opposer, & auec lesquels parauenture beau
coup estimoient que ie serois tant tra-
uersé, qu'il me les faudroit ou differer
ou remettre du tout.

Vous voyez toutesfois si i'ay eu la resolution aussi ferme qu'vn bon Roy
doit pour le bien general de tous ses subiects, ce qui est tant ancré dans mon a-
me, que ie ne respire rien plus que la cõseruation de l'honneur de mon Dieu &
la vostre.

Ceste tenue d'Estats est vn remede pour
guarir, auec les bons conseils des subiets
& la seincte resolntion du Prince , les

maladies que le long espace de temps &
la negligente obseruation des ordon-
nances du Royaume, y ont laissé pren-
dre pied, & pour r'affermir la legitime
authorité du souuerain, plustost que de
l'esbranler ou de la diminuer, ainsi que
aucuns mal auisez, ou plains de mauuai
se volonté, deguisans la verité le vou-
loient faire accroire.

Car la bonne loy restablie, & bien ob-
seruée fortifie entierement le sceptre en
la main du bon Roy, & luy asseure du
tout la couronne sur sa teste, côtre toute
sorte de mauuais desseings.

Vous pouuez doncques congnoistre
par ma constance qui seule à resisté, à in
finis empeschemens qu'aucuns n'ont
manqué d'opposer à ce bon œuure, la
sincerité de mon intention, mesme puis
que la tenue des Estats est ce qui rompt
autant les mauuais desseings des Princes qui ont l'ame aussi trauersée, & peu
desireuse du bien, que la mienne sera

toufiours trefprompte, & du tout difpo
fee a ne vouloir ny rechercher autre cho
fe , ou ie fois confoudu miferablement.

Ie n'ay point de remors de confcience
des brigues ou menées que i'aye faictes,
& ie vous en appelle tous a tefmoings
pour m'en faire rougir, comme le meri-
teroit quiconque auroit vfé d'vne fi indigne façon que d'auoir voulu violer
l'entiere liberté, tant de me remonftrer
par les Cayers tout ce qui fera a propos
pour confirmer le falut des particulieres
Prouinces, & du general de mon Royaume, qu'aufsi d'y faire couler des Arti-
cles plus propres á troubler c'eft Eftat,
qu'à luy procurer ce qui luy eft vtile.

Puis que i'ay cefte fatisfaction en moi-
mefmes, & qu'il ne me peut eftre imputé
autrement, Grauez le en voz efprits, &
difcernez ce que ie merite d'auec ceux, fi
tant y en a , qui euffe procedé d'autre
forte, & notez que ce quipart de mes intentions, ne peult eftre recogneu n'y at-

B

tribué par qui que ce soit, pour me vouloir authoriser contre la raison. Car ie
suis voftre Roy donné de Dieu, & suis
seul qui le puis veritablement & legiti-
memét dire. C'eft pourquoy ie ne veux
eftre en cefte Monarchie, que ce que r'y
suis, ny pouuant souhaitter aufsi plus
d'honneur ou plus d'authorité.

Fauorisez doncques & ie vous en prie
(mes bons subiects) ma droicte intentiõ
qui ne tend qu'a faire reluyre de plus en
plus la gloire de Dieu, noftre saincte Re
ligion Catholique, Apoftolique & Romaine, a extirper l'herefie en toutes les
prouinces de ce Royaume, y reftablir
tout bon ordre & reigle, soulager mon
pauure peuple tant oppreffé, & releuer
mon auctorité, abaiffée iniuftement, &
ie le defire, non pas tant pour mon in-
tereft particulier, comme pour le bien
qui vous en redondera a tous.

Entre toutes les fortes de gouuerner,
& commãder aux hommes, la Monar-

chie excelle les autres: le profit que vo'
& les voftres en auez tiré, foubs la legitime & douce domination de mes prede-
ceffeurs, vous conuie affez a louer fa diuine Maiefté de vous y auoir faict nai-
ftre, & foubz vn, lequel eftant de la méf-
me race, n'a pas feulement herité de la
Royauté, mais du mefme & plus grand
zele, s'il fe peut a augmenter la gloire de
noftre bon Dieu , & a vous conferuer
tous: comme ie promects , que mes a-
ctions le vous confirmeront.

Ce que la malice du temps a enraciné
de mal en mes Prouinces, ne me doit e-
ftre tát attribuée, non que ie m'en vueil-
le du tout excufer, comme á la negligé-
ce , & parauanture a aucuns autres de-
faux, de ceux qui par cy deuant m'ont
affifté, a quoy i'ay defia commencé de
mettre ordre ainfi que vous l'auez veu.
Mais ie vous affeureray bien , que i'auray tellement l'œil fur ceux qui me fer-
uiront a l'aduenir , que ma confcience

en fera defchargée, mon hôneur accreu & mon eftat reftauré au contentement de tous les gens de bien, & forcera ceux, lefquels toutesfois contre la raifon, ont mis leur affection en autre endroict que au mien, de recognoiftre leur erreur.

Les tefmoignages, font affez notoires & mefmes par aucuns de vo⁹ autres qui vous y eftes honorez en m'y afsiftant, auant & depuis que d'eftre voftre Roy, de quel zele, & bon pied, i'ay toufiours marché a l'extirpatiõ de l'herefie, & des heretiques, A quoy i'expoferayplus que iamais ma vie, iufques a vne mort certaine, s'il en eft befoin, pour la defence & protection de noftre fainéte foy Catholique, Apoftolique & Romaine, comme le plus fuperbe tombeau, ou ie me pourrois enfeuelir, que dans les ruines de l'herefie.

Non feulement les batailles, que i'ay gaignees, mais cefte grande armee de Reiftres, de laquelle fa diuine bonté ma

choisi a l'honneur de son sainct nom, &
de son Eglise, pour en rabatre la gloire,
en est vne suffisante preuue, dequoy les
trophées & despouillent en demeurent
a la veue d'vn chascun.

Se trouuera-il donques des esprits si
peu capables de la verité qui puissent
croire, que nul soit plus enflámé, a vouloir leur totale extirpation, ne s'en estát
rédu de pl⁹ certains effets que les miens.

Et quand l'honneur de Dieu qui m'est
plus cher que ma propre vie, ne me se-
roit en telle recommendation, de qui
est ce que les heretiques occupent &
dissipent le patrimoine, de qui est-ce
qu'ils espuisent les receptes, de qui alie-
nent ils les subiects, de qui mesprisent ils
l'obeissance, de qui est-ce qu'ils violent
le respect, l'auctorité & la dignité. Et ie
ne voudray pour le moings autant que
nul autre leur ruine, dessilez voz yeux,
& iugez chacun de vous quelle apparen
ce il y a.

La re-vnion de tous mes subiets Catholiques, par le sainct Edit que i'ay depuis peu de mois faict, l'a assez tesmoi-
gné, & que rien n'a eu plus de force en
mõ ame, que de veoir Dieu seul honoré
reueré & seruy dans mon Royaume.

Ce que i'eusse continué de monstrer
comme ie le feray tousiours au peril de
ma vie, sans ceste diuision, qui arriua de
Catholiques, incroiable aduantage au
party des heretiques, m'ayant empesché
d'aller en Poictou, ou ie croy que la bõ-
ne fortune ne m'eust non plus abandón
né, qu'aux autres endroicts, dont graces
à Dieu mon estat en a tiré le fruict desi-
ré & necessaire.

Encores que vous n'obmettiez, cõme
i'estime aucun point, qui regarde la re-
stauration & la reformation de ce royaume, si vous tesmoignerey-ie par quel
ques vns de ceux que ie recognois des
principaux, combien ie suis tres-dispo-
sé, non seulement par ce que i'en diray

maintenant, mais par les effets qui s'en
ensuiuront a les embrasser tous, côme
ie doibs , le iugeant tref-requis pour la
necessité que nos ames, nos honneurs
& noz Estats en ont.

L'extreme offence que nostre Dieu
reçoit iournellement des iuremens &
des blasphemes, qui luy sont si desplai-
sans, & a moy tant a côtrecœur, me faict
vous conuier tous de n'oublier en voz
cayers la punition du iuste chastiment
qu'ils meritent, ce que ie desire sans ex-
ceptiõ, ny de qualitez ny de personnes.

La recherche & punition de la simo-
nie, ne sera ainsi que doiuent tous bons
chrestiens aussi oubliee , n'y l'ordre requis en la venalité des offices de iudicature & multiplicité desdicts Officiers,
estant indigne & trop griefue a mõ pau
ure peuple , a quoy sans le trouble qui
commença en l'année quatre vingts &
cinq, i'y auois de mon propre mouuement mis ordre: I'en attendray de vous

les sainctes & bonnes ouuertures pour
les bien embrasser.

Comme a la distribution & prouision
des benefices , offices de iudicature , &
des autres honneurs, charges, estats, di-
gnitez & autres offices de mon Royaume, il va aussi de ce que i'ay le plus cher,
qui est de mon ame, de mon honneur ,
de la cõseruation & splẽdeur de l'Estat
& de la bien-veillance de tous mes subiects enuers moy. A fin d'y satisfaire dignement ie prendray vn temps des-or-
mais, dont lon sera aduerty pour plus
meurement y penser & lesdepartir, auec
autant de consideratiõ des merites d'vn
chacun que Dieu m'y oblige , la raison
le veut, ma reputation m'y abstrainct, &
le bien que ie veux a mon estat. Voulãt
que cy apres chacun tienne de moy seul
les biens & honneurs qu'ils en receurõt.
& s'y addressent, puis qu'ils en viennent
leur donnant plus que iamais , tout fa-
cile accez vers moy, selon que ie regle-

ray mes heures pour cest effect.

Aussi ie semons tous mes subiects de se resoudre a apporter autant de droictu re d'affection, & fidelité, aux functions dont ie les ay pourueuz, ou pouruoiray qu'il sera requispour la descharge de ma conscience, & de la leur, á quoy ie ne suis pas resolu d'endurer doresenauant aucun manquement.

M'abstraignant par sermét d'icy & desia de ne dóner iamais de reserues, de quoy que ce soit, reuoquant cellesqui ont esté cy deuant obtenues, les declarant desormais toutes de nulle valeur, n'entendant plus y estre obligé, comme chose qui pouuant conuier a vouloir ou pour chasser la mort d'autruy, & pour moy & pour ceux qui les impetrent.

Ie declare aussi que ie ne dóneray plus de suruiuances, me remettant pour celles qui sont accordées a en faire comme vous m'en conseillerez.

Il est tresnecessaire de reigler les euo-
C

cations, les graces, remiſsions & aboli-
tions, & que la iuſtice ſoit plus prompte
& moins a la charge du peuple, & les cri
mes ſoient exactement punis.

Vous n'oublierez auſsi l'enrichiſſe-
ment des Arts & des ſciences, l'embelliſ-
ſement des villes de mon Royaume, re-
glement du cõmerce, & de la marchan-
diſe, tant de la mer que de la terre, retrã-
chement du luxe, & des ſuperfluitez, &
taxation des choſes, qui ſont montées à
vn pris excéſsif.

Le rafreſchiſſement des anciennes or-
donnances, concernans l'auctorité & la
dignitè du Prince ſouuerain, & la reuerence qui luy eſt deuë & a ſes magiſtrats
ſera embraſſé par vous, ainſi que la rai-
ſon le veut.

La iuſte crainĉte que vous auriez de
tomber apres ma mort, ſoubz la domination d'vn Roy heretique, s'il adue-
noit que Dieu nous fortunaſt tant que
de ne me donner lignee, n'eſt pas plus

enracinée dans vos cœurs que dans le
mien.

Et i'atefte deuant Dieu, que ie n'ay pas
mon falut plus affecté, que i'ay de vous
en ofter & la crainéte , & l'effeét , c'eft
pourquoy i'ay faiét quafi principalemét
mon fainét Edit d'vnion, & pour abo-
lir cefte damnable herefie, lequel encores que ie l'aye iuré treffainétement , &
folennellement, en lieu & deuant celuy
qui apporte toute conftance a tenir ir-
reuocables les bons & fainéts fermens,
Ie fuis d'aduis pour le rendre plus ftable,
que nous en facions vne des Loix fon-
damétales du Royaume, & qu'a ce pro-
chain iour de Mardy, en ce mefme lieu
& en cefte mefme & notable affemblee
de tous mes Eftats, nous la iurions tous,
a ce que iamais nul n'en pretende caufe
d'ignorance.

Et afin que noz fainéts defirs ne foiét
vains, par la faute de moyés, pouruoyez
par les confeils que vous me donnerez

C ij

d'vn tel ordre que comme le manquement ne viẽdra point de moy, il ne vien
ne aussi du peu de prouision que vous y
aurez apporté, á ce que les effets de nostre bonne volontè reüssissent.

Par mon sainct Edict d'vnion, toutes
autres ligues que soubs mon auctorité
ne se doiuent souffrir, & quand il n'y se-
roit assez clairement porté, ny Dieu, ny
le deuoir ne le permettent , & sont for-
mellement contraires, car toutes ligues,
associations, pratiques, menees, intelli-
gences, leuees d'hommes & d'argent, &
reception d'iceluy, tant dedans que de-
hors le Royaume sont actes de Roy , &
en toute Monarchie bien ordõnee, crime de leze Maiesté , sans la permission
du souuerain.

Voulant bien de ma propre bouche,
tesmoignant ma bonté accoustumee,
mettre soubsle pied pour ce regard, tout
le passé , mais comme ie suis obligé &
vous tous, de conseruer la dignite Roy-

alle, declarer que ie confirme des a present pour l'aduenir, apres que la conclu-
sion sera faite des Loix que i'auray ar-
restees en mes Estats, attaincts & con-
uaincus du mesme crime de leze Maie-
ste, ceux de mes sudiects qui ne s'en de-
partiront, ou y tremperōt sans mon ad-
ueu, en la forme deue, seellee de mon
grand sceau.

C'est enquoy ie m'asseure que evo⁹ ferez
autant reluire vostre fidelite, me conseil
lant & requerant de rafraichir & forti-
fier ceste belle & anciēne loy, enracinee
dans le cœur des vrais François qui les
defend. Ce qui sera mis par paroles clai-
res, & expresses, Ie me le doibs & a mon
Royaume, & vous me le deuez, & a l'E-
stat que vous representez, & ie vous en
semonds deuant le Dieu viuant.

Par le passe, le bel ordre & police exactement obserué entre les gens de guerre, apportoit vne admiration, & terreur
de nostre nation, & mesmes vne parti-

culiere & honorable gloire a la noblesse
Françoise.

Maintenant r'aquerons c'est honneur
dont nous auons esté remarquez sur
tous autres Royaumes. C'est a quoy ie
me veux autant pener, faictes en de mesme, à ce que l'ire de Dieu s'appaise , &
que nos forces soient pour conseruer
l'Estat, & non pour le destruire, donnāt
tant de contentement & de soulagemēt
a mes subiects , qu'ils desirent autant le
gendarme ou l'homme de pied , pour
leur hoste, comme ils les craignent , &
les ont en horreur auec tresgrāde raison

Il me fasche infiniment, que ie ne puis
maintenir ma dignité Royalle , & les
charges necessaires du Royaume, sans
argent. Car c'est ce qui me passionne le
moins en mon particulier, que d'en a-
uoir , mais c'est vn mal necessaire: La
guerre ne se peut dignement faire sans
finances, & puis que nous sommes en
quelque beau chemin d'extirper ceste

maudicte herefie, il eft befoin de gran-
des fommes de deniers pour y paruenir
fans lefquels il ne faut point deguifer la
verité, les forces feront plus a noftre dõ-
mage qu'à noftre profit, & toutesfois il
ne fe peut faire aucun bon exploict fans
en auoir.

Ie me promets doncques que de ma
part, ny voulant rien efpargner, vous y
apporterez aufsi par effect, le zele que
vous m'auez toufiours affeuré porter au
feruice de Dieu, & au bien de l'Eftat.

C'eft pourquoy il faut, vous faifant
voir par le menu, le fonds de mes finances, que vous ayez la confideration que
remonftra le Senat Romain a vn Em-
pereur, lequel comme ie voudrois, defi-
roit de fupprimer tous les fubfides, luy
difant que c'eftoient les nerfs & les muf-
cles qui contenoient le corps de l'Eftat,
& lefquels eftans oftez, il venoit a fe dif-
foudre & defaffembler.

Et toutesfois, ie diray que pleuft a

Dieu, que la necefsité de mon Eftat ne
me contraignift a en auoir, & que ie
peuſſe faire tout d'vn coup ce beau pre-
fent a mon peuple, & que ma vie s'en a-
brègeaſt , ne defirant viure qu'autant
que ie feray vtile au feruice de Dieu , &
a voſtre conſeruation.

Quand au reſte de l'ordre requis en
mes finances, tant pour le foulagement
de mon peuple, foit fur le nombre effre-
né des Officiers qui y font , ou pour les
autres particularitez , ie m'aſſeure que
vous y aurez l'efgard neceſſaire, par les
propofitions que vous m'en ferez , cõme eſtant l'vn des principaux piuots, fur
lequel & tout le general de l'Eſtat fommes en bonne partie appuyez.

Auſsi va-il de nos ames de pourueoir
aux debtes que ie n'ay pas du tout faites,
& lefquelles eſtans celles du Royaume,
vous en deuez auoir le foin , a quoy la
foy publique, & la preud'homie oblige
les hõmes, vo° verrez qu'elles elles font.

Le Roy estant le tableau sur lequel les subiects apprennent a se former, c'est pourquoy auec mon inclination naturelle, ie mettray peine d'establir vn tel reglemét en ma personne & en ma maison, qu'ils seruiront de patron & d'exemple a tout le reste de mon Royaume.

Or a fin de vous tesmoigner par effect ce que vous pouuez desirer de moy, & que i'ay tresgraué dans l'ame, pour le regard de ceste celebre assemblée, ayant pris l'entiere resolution sur vos Cayers, que ie vous prie que ce soit au plustost, & auec vos bons aduis & conseils, selon que ie le vous declareray. Le lendemain en l'Eglise a ce que moy & tous mes subiects la scachent, & tiennent pour Loy inuiolable & fondamentale, & que nul ny puisse contreuenir qu'a sa honte & infamie, & qu'il ne soit declaré pour iamais criminel de leze Maiesté, & deserteur de sa patrie, ains l'embrasse de tout son pouuoir. Ie me yeux lier par sermét

D

solennel sur les sainctes Euangiles , &
tous les Princes , Seigneurs & Gentils-
hommes, qui m'assistent en c'est Office
auec vo⁹ les deputez de mes Estats, par-
ticipans ensemble au bien-heureux mi-
stere de nostre redemption , d'obseruer
toutes les choses que i'y auray arrestées,
comme Loix sacrées , sans me reseruer
a moy-mesmes la licence de m'en de-
partir à l'aduenir , pour quelque cause
pretexte ou occasion que ce soit, selon
que ie l'auray arresté pour chaque point
Et l'enuoyer aussi tost apres par tous
les Parlemens & Bailliages de mõ Royaume, pour estre faict le semblable, tant
par les Ecclesiastiques, la Noblesse, que
le tiers Estat, auec la declaration que qui
s'y opposera, sera attainct & conuaincu
du mesme crime de leze Maiesté.

Que s'il semble qu'en ce faisant, ie me
soubs-mette trop volontairement aux
Loix dont suis l'autheur, & qui me dis-
pensent elles mesmes de leur Empire,

& que par ce moyen ie rende la dignité
Royalle aucunement plus bornée & li-
mitée que mes predecesseurs: C'est en-
quóy la vraye generosité du bon Prince
se congnoist, que de dresser ses pensees
& ses actions selon la bonne Loy, & se
bander du tout a ne la laisser corrom-
pre. Et me suffira de respondre ce que
dict ce Roy a qui on remonstroit, qu'il
laisseroit la Royaute moindre à ses suc-
cesseurs, qu'il ne l'auoit receue de ses
peres qui est qu'il la leur lerroit beau-
plus durable & plus asseurée.

Pour finir mon discours, apres auoir
vsé de l'auctorité, & du comman-
dement, ie viendray aux exhorta-
tions & aux prieres, & vous coniureray
tous par la reuerence que vous deuez à
Dieu, qui m'a constitué sur vous, pour
representer son image, par le nom des
vrais François, c'est a dire de passionnez
amateurs de leur Prince naturel & legitime, par les cendres & la memoire de

D ij

tant de Rois mes predeceſſeurs, qui vo'
ont ſi doucement & heureuſement gou
uernez, par la charité que vous portez
a voſtre Patrie, par les gaiges & hoſtages
qu'elle a de voſtre fidelité, vos femmes,
vos enfans & vos fortunes domeſtiques
que vous embraſsiez a bon eſcient ceſte
occaſion: que vous vaquiez du tout au
ſoin du public, que vous vniſsiez & ra-
liez auec moy pour combatre les deſ-
ordres & la corruption de c'eſt Eſtat,
par voſtre ſuffiſance, par voſtre integri-
te, par voſtre diligence, banniſſant toutes penſées contraires, & n'y apportant
a mon exéple que le ſeul deſir, du ſalut
vniuerſel, & auſsi alienez, que moy de
tout autre ambition, que celle de bons
ſubiects, comme ie n'ay quelle de bon
Roy.

Si vous en vſez autrement, vous ſerez
comblez de maledictions, vous impri-
merez vne tache d'infamie, perpetuelle
a voſtre memoire, vous oſterez à voſtre

posterité ce beau tiltre de fidelité here-
ditaire enuers voſtre Roy, qui vous à
eſté ſi ſoigneuſement acquis & laiſſe
par vos deuanciers.

Et moy ie prendray a teſmoin le ciel
& la terre, i'atteſteray la foy de Dieu &
des hommes, qu'il n'aura point tenu à
mon ſoin ny a ma diligence, que les deſ-
ordres de ce Royaume, n'ayent eſté re-
formez: mais que vous auez abandoné,
voſtre Prince legitime, en vne ſi digne,
ſi ſaincte & ſi louable action.

Et finalement, vous adiourneray à cõ-
paroiſtre au dernier iour deuant le Iuge
des Iuges, la ou les intentions & les paſ-
ſions ſe verront à deſcouuert, là ou les
maſques des artifices & des diſſimula-
tions, ſeront leuez pour receuoir la punition, que vous encourriez de voſtre
deſ-obeiſſance enuers voſtre Roy, &
de voſtre peu de generoſité & loyauté
enuers ſon Eſtat.

Ia Dieu ne plaiſe que ie le croye, mais

plustost que vous vous y gouuernerez
comme ie le promects de voz preu-
d'homies, affection & fidelité, & vous
ferez, œuure aggreable à Dieu, & a vostre Roy, vous serez benis de tout le
monde, & acquerrez la reputation de
conseruateurs de vostre Patrie.

FIN.

Au Roy.

I.

MON Dieu quel Fleuue d'or s'escoule de vous ,
    SIRE!
Quel breuuage charmeur des hommes & des
    Dieux!
Ie croy que vous tirez ce doux Nectar des Cieux,
La langue d'vn mortel ne scauroit si bien dire :
    Mais quel graue discours qui les rochers attire
Pour quitter la durté d'vn siecle vicieux,
Lors qu'en vous surmontant , grand Roy victorieux
Vous remportez le prix où Python mesme aspire!
    FRANCE , puis que ton Roy d'vn oracle diuin
Recognoissant ton mal s'en rend le medecin.
Respire maintenant , ô ma France, respire :
    Tu peux bien respirer, quand sa diuine ardeur
T'inspire son aleine, & sa voix & son cœur,
    Vn grand cœur pour guerdon rien qu'vn cœur ne desire.

II.

VOVS estes mon grand Roy, le pourtraict animé
De ce grand Roy du ciel, Roy qui par tout cōmande
Et voſtre peuple en vous qui l'exemple demande,
A voȝ plus ſainctes meurs veut eſtre reformé
Preſque l'honneur de Dieu dans le Ciel r'enfermé
Se negligeoit ça bas, par l'impiete grande
De noȝ ſiecles derniers, ſi voſtre pure offrande
Les r'appellant du ciel, n'euſt noȝ cœurs r'enflammé.
L'ignorance par vous a ce coup eſt dontée,
A vous la Pieté, preſque au ciel remontée,
Pour troiſieſme couronne à ſa palme quitté :
Quel eſpoir de bonheur voſtre bonté nous donne,
Puis que ſans offenſer ſa ſaincte Maieſté
Voſtre ſubiect aſpire a ſemblable couronne ?

Voſtre treſ-humble & treſ-fidelle ſeruiteur & ſubiect,
CL. BINET, Lieutenant general en la Seneſchauſſée
& ſiege Preſidial d'Auuergne eſtably à Riom.